NOTICE

Ou indication des Tableaux, Estampes,
Bronzes, Médailles & Histoire Naturelle,

DU CABINET

DE M. BOITET DE RICHEVILLE.

TABLEAUX.

1. Un Tableau représentant la Ligue, peint
sur bois par un Maître ancien.
2. La sainte Famille, petit Tableau d'après
Raphaël.
3. La Nativité de Notre Seigneur, aussi d'a-
près Raphaël.
4. Un petit Tableau de Sébastien Bourdon.
5. Plusieurs autres Tableaux.

ESTAMPES.

6. Résolution des quatre principaux pro-
blêmes d'Agriculture, par Blondel, *vol in-fol,
mar.*
7. Histoire chronologique des Empereurs,
vol. in-fol.
8. Un porte-feuille d'Estampes que l'on détaillera.
9. Un autre porte-feuille, *Idem.*
10. Plusieurs cartons & volumes, dont deux
en papier.

11. L'Anatomie de Martinet, & une partie de celle de Gautier.

12. Un porte-feuille rempli de Cartes Géographiques.

13. Les Batailles d'Alexandre en six pieces, d'après le Brun, par Audran, sous verre & bordures.

BRONZES.

14. Isis avec son fils Orus, petit bronze.
15. Autre Isis avec son fils Orus.
16. Un Prêtre Egyptien.
17. Trois autres bronzes.

MÉDAILLES.

18. Un petit corps d'armoire renfermant deux cents six Médailles antiques d'argent.
19. Cinquante-quatre Médailles, pieds-forts & monnoyes, pesant trois marcs cinq onces.
20. Trente-six petites pieces de monnoye & jettons.
21. Quatre-vingt-une Médailles de plomb ou étain.
22. Trois petites planches d'argent gravées, représentant des Portraits.

CABINET D'HISTOIRE NATURELLE.

23. Un tiroir contenant des échantillons de Pierres fines, entr'autres, deux Aigles ma-

rines ; trois Péridots, quatre Emeraudes ,
cinq Saphirs, six Topazes, sept morceaux
de Malachites, huit Turquoises, dix Agathes-
Onix, neuf Agathes arborisées, &c.

24. Des plaques, blocs & grains d'Agathe,
de Jaspe, cailloux d'Egypte, Albâtres &
autres, dont plusieurs échantillons d'un bon
choix.

25. Deux beaux petits morceaux de mine
d'Argent, une d'Or, plusieurs autres de Fer,
Cuivre, Etain, & autres que l'on détaillera.

26. Des Madrépores & des Lytophites.

27. Plusieurs morceaux de Corail rouge & noir,
& du Corail articulé.

28. Des Fossiles.

29. Une belle mer de crystal de roche à ca-
nons.

30. Plusieurs morceaux de Crystal d'Islande,
des Crystallisations & autres objets.

31. Des Coquilles bivalves & univalves, que
l'on divisera.

32. Un Bézoard monté en argent.

33. Des Cornes d'Ammon crystallisées & mé-
tallisées.

34. Un Poisson armé, plusieurs Crustacées, &c.

DIFFÉRENS OBJETS.

35. Deux Chandeliers d'agathe montés en argent.
36. Une Coupe de cryſtal de roche.
37. Un Gobelet de cryſtal.
38. Deux Taſſes à anſes de jade blanc.
39. Deux Vaſes de cuivre émaillé.
40. Un petit Vaſe de porcelaine craquelé.
41. Pluſieurs morceaux de porcelaine.
42. Un Enfant de plomb, bronzé.
43. Deux Médaillons en relief ſur marbre.
44. Différens objets de curioſités, & autres, que l'on détaillera.

Lû & approuvé, ce 30 Septembre 1778. COCHIN.

La Vente des objets ci-deſſus, ſe fera les MARDI 6 & MERCREDI 7 Octobre 1778, au Séminaire ſaint Magloire, Fauxbourg ſaint Jacques.

Se diſtribue chez M. SIBYRE, Huiſſier-Commiſſaire-Priſeur, rue ſaint Honoré, près celle Tire-Chappe, M. REMY, Peintre, rue des grands Auguſtins.

NOTICE

DES PRINCIPAUX ARTICLES
DES LIVRES
DE
LA BIBLIOTHÉQUE

DE FEU M. BOITET DE RICHEVILLE,

ANCIEN HUISSIER DE LA CHAMBRE DU ROI,

Dont la Vente commencera le Jeudi 8 Octobre 1778, & continuera les jours suivans, depuis deux heures de relevée, au Séminaire S. Magloire, fauxbourg S. Jacques.

N°. I. 36 vol. in-8°. & in-12,

Confessions de S. Augustin, trad. par Arnauld. Paris, 1676.

Heures nouvelles, dédiées au Roi. Paris, 1694, rel. en cha gr n avec des fermoirs d'argent.

Heures de Noailles. Paris, 1703, g. p. m. v.

Breviarium Parisiense. Parif. 1758, 4 vol.

Diurnale Parisiense. Parif. 1760, 2 vol.

A

Missel de Paris. *Paris*, 1718, 4 vol.
Breviarium Romanum. *Lugd.* 1724.
Office de la Semaine-Sainte. *Paris*, 1739; m. r.

N°. II. *39 vol. in-12.*

Le Géographe Parisien. *Paris*, 1769, 2 vol.
Principes de la perfection Chrétienne & Religieuse, par Be-
    sogne. *Paris*, 1749.
Conseils de la Sagesse. *Paris*, 1736, 2 vol.
Instructions sur les dispositions qu'on doit apporter aux Sa-
    cremens de Pénitence & d'Eucharistie. *Paris*, 1715.
L'Année Chrétienne, par le Tourneux. *Paris*, 1686, 11 vol.

N°. III. *34 vol. in-8. & in-12.*

Biblia Sacra. *Lugd.* 1710.
La sainte Bible, trad. par le Gros. *Cologne*, 1710, m. r.
Figures de la Bible, par Royaumont. *Paris*, 1691.
Nouveau Testament, Grec, Latin, François. *Mons*, 1673, m. r.
Le même en Fr. *Mons*, 2 vol.
Nouveau Testament, avec des réflexions morales. *Paris*,
    1696, 5 vol.
Le même. *Paris*, 1699, 8 vol.
De l'Imitation de J. C. trad. de Kempis. *Paris, Imp. Royale*,
    1651. m. r.
La même, trad. par Sacy. *Paris*, 1663, g. p. m. r.
Dictionnaire abrége d'antiquités, par Monchablon. *Paris*,
    1713.

N°. IV. *36 vol. in-12.*

Histoire Ecclésiastique, par Fleury. *Paris*, 1724, 36 vol.

N°. V. *36 vol. in-12.*

Abrégé de l'Histoire Ecclésiastique, par Racine. *Cologne*,
    1754, *les tom. 10 à 15 inclus.*
Prières Chrétiennes, par Quesnel. *Paris*, 1701, 2 vol.
Perpétuité de la Foi de l'Eglise Catholique, par Arnauld.
    Paris, 1664.
Recueil sur les Libertés Gallicanes. 3 vol.
Montalti Litteræ Provinciales. *Coloniæ*, 1658.
Les Provinciales. 1712, 3 vol.
Cathéchisme de Montpellier. *Paris*, 1707, 3 vol.

Principes de la Foi Chrétienne, par Duguet. *Paris*, 1737,
     2 *vol.*
Vies des Saints pour tous les jours de l'année. *Paris*, 1709,
     4 *vol.*
Des Vrayes & fausses idées, par Arnauld. 1724.
Sermons de Massillon, pour l'Avent & le Carême. *Paris*,
     1747, 6 *vol.*

N°. VI. 27 *vol. in-*12.

Pontificale Romanum. *Parif.* 1665.
Paraphrase & explication des quatre Evangiles. *Paris*, 1754,
     4 *vol.*
Dissertation sur les Ordinations Anglicanes, par Courrayer.
     1723, 5 *vol.*
Heures manuscrites sur velin, avec des miniatures. *m. r.*

N°. VII. 38 *vol. in-*12.

Histoire des Inquisitions. 1759, 2 *vol.*
Histoire des Religions de tous les Royaumes du monde, par
     Jovet. *Paris*, 1714, 6 *vol.*
Les Moines empruntés, par P. Joseph. 1698.
Ordres Monastiques. 1751, 7 *vol.*
Histoire des Jésuites, & piéces. 1740, 12 *vol.*

N°. VIII. 35 *vol. in-*12.

La Monarchie de Solipses, & piéces contre les Jésuites. 9 *vol.*
Nouveau Traité de Vénerie. *Paris*, 1742, *fg.*
Nouveau Secrétaire de la Cour. *Paris*, 1718, 2 *vol.*
Dictionnaire des Rimes, par Richelet. *Paris*, 1721.
Dictionnaire Géographique, par Vosgien. *Paris*, 1749.
Dictionnaire Historique, par Ladvocat. *Paris*, 1752.
Dictionnaire de Peinture & d'Architecture, par Marsy. *Paris*,
     1746.
Dictionnaire Poétique portatif. *Paris*, 1759.
Dictionnaire des Monogrammes. *Paris*, 1754.
Dictionnaire comique, par le Roux. 1735.

N°. IX. 38 *vol. in-*12.

Histoire du Papisme, par Jurieu. *Amst.* 1685, 4 *vol.*
Journal d'Henri III. par l'Etoile. *Cologne*, 1720, 2 *vol.*
Mémoires de l'Etoile. *Cologne*, 1719, 2 *vol.*

A ij

Histoire de la Ligue, par Maimbourg. *Paris, 1683, 2 vol.*
Mémoires de du Bellay. *Paris, 1753, 7 vol.*

N°. X. 36 *vol. in-12.*

Conjectures de Nicolas de Cusa. *Amst. 1700.*
Récréations historiques & critiques, par Dreux du Radier.
    Paris, 1767, 2. vol.
Abrégé chronologique de l'Histoire de France, par Henault.
    Paris, 1752.
Tableau de l'Histoire de France. *Paris, 1766, 2 vol.*
Histoire de Charles VII. par Baudot de Juilly. *Paris, 1754,*
    2 vol.
Abrégé chronologique des Régnes de Louis XIII. &
    Louis XIV. suite de Mezeray. *1740. 5 vol.*
La Loi Salique, par Guillaume Postel. *Paris, 1552, édition*
    originale.

N°. XI. 32 *vol. in-12.*

Impératrices Romaines, par Serviez. *Paris, 1718, 3 vol.*
L'Espion Turc. *1739, 7 vol.*
Histoire des Ordres de Chevalerie, par Hermant. *Rouen,*
    1735, 2 vol.
Histoire de la Chine, par Martini. *Paris, 1692, 2 vol.*
Histoire des Rois de Pologne. *Amst. 1733, 3 vol.*

N°. XII. 48 *vol. in-12.*

Description du Royaume de Macassar. *Paris, 1688.*
Mémoires de Montglat. *Amst. 1727, 4 vol.*
Recueil des piéces, touchant les Princes légitimes & légiti-
    més. *1717, 4 vol.*
L'Héritiére de Guyenne, par Larrey, *1691.*
Histoire de la Mere & du Fils, par Mezeray. *1731, 2 vol.*

N°. XIII. 29 *vol. in-12.*

Mémoires secrets, tirés des Archives, par Vittorio Siri, *1765,*
    8 vol.
Avis aux Princes Catholiques. *1768, 2 vol.*
Mémoires de Montgon. *1750, 8 vol.*
Tablettes généalogiques, par Chazot. *Paris, 1749, 6 vol.*
Œuvres de Fontenelle. *Paris, 1758, 6 vol.*

(5)

Spectacle de la Nature, par Pluche. *Paris*, 1741, 7 vol.
Histoire du Ciel, par Pluche. *Paris*, 1742, 2 vol.

Nº XIV. 35 vol. in-12.

De la recherche de la vérité, par Mallebranche. *Paris*, 1751,
4 vol.
Mélanges de Littérature & de Philosophie, de Pope & Warburton. *La Haye*, 1742, 2 vol.
Guide des jeunes Mathématiciens, par Paulian. *Avignon*,
1766.
Histoire critique de la Philosophie, par Deslandes. *Amsterd.*
1757, 3 vol.
De l'Esprit des Loix, par Montesquieu. 1749, 4 vol.

Nº. XV. 30 vol. in-12.

Dictionnaire Anti-Philosophique, par Paulian. *Avignon*,
1767.
Leçons de Physique, de Nollet. *Paris*, 1743, 5 vol.
Essai sur l'Electricité des Corps, par le même. *Paris*, 1714.
Recherches sur les Phénomènes électriques, par le même.
Paris, 1749.
Traité de la foiblesse de l'Esprit humain, par Huet. 1741.
De l'usage des passions, par Senault.
La Chyromantie naturelle, de Ronphyle. *Paris*, 1671.
Secrets du petit Albert. *Lyon*, 1729.
Amusement sur le langage des Bêtes, par Bougeant. *Paris*,
1739.
Essai Philosophique sur l'ame des Bêtes, par Boullier, 1718.
De la Charlatanerie des Sçavans, par Menken. *La Haye*,
1741.
Boyle Exercitatio de origine & viribus Gemmarum. *Londini*,
1673.
Recherches & observations sur la nature du Corail, par
Boccone. *Paris*, 1671, *fig.*
Le grand éclaircissement de la Pierre Philosophale, par
N. Flamel. *Paris*, 1628.
Recherches sur le feu de l'Enfer, par Swinden. 1757.
Logique de Port-Royal. *Paris*, 1744.
Réflexions Philosophiques du Marquis d'Argens. *La Haye*,
1747, 3 vol.
Elément de la Philosophie de Newton, par Voltaire. *Amst.*
1738.

Elémens de Phisique de s'Gravefande, trad. par Roland
de Virloys. *Paris*, 1747, 2 vol. *fig.*

Nº. XVI. 32 vol. in-12.

Introduction à la Philofophie, par s'Gravefande. *Leyde*, 1737.
Expériences de Phyfique, par Poliniere. *Paris*, 1734, 2 vol.
Principes du Droit naturel, par Burlamaqui. 1748.
Introduction à la connoiffance de l'efprit humain, par Vau-
venargues. *Paris*, 1746.
Caractéres de Théophafte. *Paris*, 1699, 2 vol.
Les mêmes. *Paris*, 1750, 2 vol.
Prophéties de Noftradamus. *Troyes.*
Solerius de Pileo.—Boffius de Toga Romana. *Amft.* 1671, *fig.*

Nº. XVII. 27 vol. in-12.

Traité de la politique de France, par Duchaftelet, 1669.
Hiftoire des Diables de Loudun. 1740.

Nº. XVIII. 27 vol. in-12.

Abregé Chronologique de l'Hiftoire d'Angleterre. *Amft.*
1750, 7 vol.
Méthode pour étudier l'Hiftoire, par Lenglet. *Paris*, 1735,
9 vol.
Hiftoire des Empereurs Romains & Grecs, par Beauvais.
Paris, 1767, 5 vol.
Hérodien, trad. par Mongault. *Paris*, 1745.

Nº XIX. 18 vol. in-12.

Difcours fur l'Hiftoire Univerfelle, par Boffuet. *Paris*, 1739,
2 vol.
Introduction à l'Hiftoire de l'Univers. *Amft.* 1736, 7 vol.
Hiftoire ancienne, par Rollin. *Paris*, 1741, 14 vol.

Nº. XX. 74 vol. in-16 & in-18.

Biblia Hebraica. *Lugd. Bat.* 1610.
Autores Claffici. *Amftelod. Elzevir.* 1676.
Juvenal & Perfius. *Londini. Brindley.* 1744.
Phædri Fabulæ. *Parif. Couftelier*, 1744.
Ezdem. *Parif. Typ. Reg.* 1739. m. r.
Horatius. *Parif. Typ. Reg.* 1733. c. m. m. b.

Alcoran de Mahomet. *La Haye*, 1683.

Le Jugement d'Amour, auquel est racompté l'Histoire d'Isabele fille du Roi d'Escoce. *gothique.*

Pantagruel Roi des Dipsodes, restitué à son naturel. *Lyon 1541. m. r. gothique.*

Nº. XXI. 39 *vol. in-12.*

Office de la nuit. *Paris*, 1745, 8 *vol.*

Lettres des Juifs Portugais à Voltaire, par M. Guenet. *Paris*, 1776, 3 *vol.*

Nº. XXII. 33 *vol. in-12.*

Horace, trad. en vers françois. *Paris*, 1752, 5 *vol.*

Virgilius ad usum. *Londini.* 1712. *fig.*

Petrone, trad. par Nodot, 1713, 2 *vol. fig.*

Œuvres de Clément Marot. *La Haye*, 1702, 2 *vol.*

Nº. XXIII. 35 *vol. in-12.*

Théâtres de Corneille. *Paris*, 1664, 6 *vol.*

Œuvres de Racine. *Paris*, 1728, 2 *vol.*

Œuvres de Moliere. *Paris*, 1710, 8 *vol.*

Œuvres de Boilean. *Genève*, 1744, 4 *vol.*

Œuvres de Rousseau. *Rotterd.* 1712, 2 *vol.*

Les mêmes, 1743, 4 *vol.*

Nº. XXIV. 42 *vol. in-12.*

Œuvres de Chaulieu. *Paris*, 1750, 2 *vol.*

Œuvres de Deshoulieres. *Paris*, 1739, 2 *vol.*

Fables de la Fontaine. *Amst.* 1730.

Essai sur l'homme de Pope, trad. par Durésnel. *Paris*, 1737.

Nº. XXV. 33 *vol. in-12.*

Lettres Persannes, par de Montesquieu. 1711.

Les Baisers de Jean Second. *Paris*, 1771.

Poësies de Malherbe. *Paris*, 1717.

Nº. XXVI. 51 *vol. in-4. in-8 & in-12.*

Geographie de la France, par Dumoulin. *Paris* 1764, 5 *vol. fig.*

Voyage d'Italie, par Misson. *La Haye*, 1727, 3 vol. *fig.*
Secrets d'Alexis Piémontois. *Rouen.*, 1691.

Nº. XXVII. 33 *vol. in-12.*

Œuvres de Voltaire.

Nº. XXVIII. *Liasses in-12.*

Liasses de Piéces sur le Clergé & le Parlement, depuis 1755 ;
    sur les Jésuites.

Nº. XXIX. *Liasses in-4.*

Affaires Eccléfiaftiques.
Mémoires & Factums.
Arrêts, Déclarations.
Piéces Hiftoriques.

Nº. XXX. 16 *vol. in-fol.*

Médailles du Régne de Louis XV, par Godonnefche.
Le grand Cabinet Romain, par la Chauffe. *Amft.* 1706, *fig.*
Mufeum Teffinianum. *Holmiæ*, 1753.
Biblia facra cum notis Vatabli. *Parif.* 1729, 2 *vol.*
La Sainte Bible, trad. par de Sacy. *Paris*, 1714.
Les Loix civiles, par Domat. *Paris*, 1756.
Dictionnaire Etymologique de la langue françoife, de Mé-
    nage donné par Jault. *Paris*, 1750, 2 *vol.*
Science héroïque de Vulfon de la Colombiete. *Paris*, 1669.
Morales de Plutarque, trad. par Amyot. *Paris, Vafcofan,*
    1575.

Nº. XXXI. 42 *vol. in-4. & in-12.*

Hiftoire de la maifon de Tudor, par Hume, trad. par M. de
    Belot. *Paris*, 1763, 2 *vol.*
Mœurs & ufages des Turcs, par Guer. *Paris*, 1746, 2 *vol.*
    fig.
Droit de la guerre & de la paix, trad. de Grotius, par Bar-
    beyrac, 1729, 2 *vol.*
Droit de la nature & des gens, trad. de Puffendorf, par le
    même. *Amft.* 1712, 2 *vol.*
Parfait Notaire, par Ferriere. *Paris*, 1715, 2 *vol.*
Praticien françois, de Lange. *Paris*, 1729, 2 *vol.*

(9)

Cours d'Histoire naturelle , *Paris*, 1776, 7 *vol.*

N°. XXXII. 41 *vol. in-4. & in-12.*

Biblia Sacra. *Rothomagi*, 1707.
Histoire critique du vieux & du nouv. Test. par Simon,
  6 *vol.*
Concordantiæ Bibliorum. *Parif.* 1656.
La Danse aux Aveugles. *Lille*, 1748.
Amours de Henry IV. *Amst.* 1765.
Mémoires de Vieilleville. *Paris*, 1757, 5 *vol.*

N°. XXXIII. 54 *vol. in-12.*

Gasconiana. *Paris.* 1708.
Le Siège de Calais. *La Haye*, 1739, 2 *vol.*
Œuvres de Scarron. *Paris*, 1705, 10 *vol.*

N°. XXXIV. 56 *vol. in-12.*

Les Amours de Théagene & Chariclée , trad. d'Heliodore,
  Paris, 1610, *fig. m. r.*
Avantures de Robinson Crusoë , 1715, 4 *vol.*
Œuvres de Villedieu. *Paris*, 1741, 12 *vol.*

N°. XXXV. 60 *vol. in-12.*

Recueil de contes. *La Haye*, 1733, 8 *vol.*
Homere , trad. par la Valtrie. *Paris*, 1709, 4 *vol. fig.*
Titus-Livius. *Amst.* 1661, 3 *vol.*
Discours sur Tacite , par Gordon , 1751, 3 *vol.*
Varietes Historiques & Littéraires. *Paris*, 1752, 2 *vol.*

N°. XXXVI. 18 *vol. in-fol.*

Cartes Géographiques de Sanson.
Les forces de l'Europe & Cartes Géographiques, par Defer.
Dominici de Rubeis Romanæ magnitudinis Monumenta.
  Roma, 1699.———Vestigi della Antiquita di Roma, Tivoli,
  Pozzuolo. *in Roma*, 1680.
L'Art de monter à cheval , par d'Eisenberg. *La Haye*, 1733.

N°. XXXVII. 11 *vol. in-fol.*

Histoire de Louis XIV par les médailles, par le P. Menes-
  trier. *Paris*, 1693.

DuMolinet Historia summorum Pontificum per eorum numismata *Parif.* 1679.
Histoire d'Angleterre, par Larrey. *Rotterdam,* 1707, 4 vol.
   fig.
Histoire de France, par Mezeraï. *Paris, Guillemot,* 1643,
   3 vol.

Nº. XXXVIII. 20 *vol. in-4.*

Ebauche de la Religion naturelle, trad. de Wollaston. *La
   Haye,* 1726.
L'Existence de Dieu démontrée par les Merveilles de la na-
   ture, par Nieuventyt, *Paris,* 1725. *fig.*
Les Religions du monde, par Ross. *Amst.* 1668, *fig.*
Principes de l'Architecture par Felibien. *Paris,* 1690, *fig.*
Le Royaume de France en forme de Dictionnaire, par Doisy.
   Paris, 1753.
Essais de Montaigne. *Paris,* 1625.

Nº. XXXIX. 18 *vol. in-4. & in-8.*

Coutumes de Chartres, commentées par Dumoulin, *Paris,*
   1604.
Schotti Technica curiosa, 1687, *fig.*
Vies des Peintres Flamands, par Descamps. *Paris,* 1754,
   3 vol.
Corpus Poetarum. *Genevæ,* 1617.
Antiquités de Paris, par Dubreuil. *Paris,* 1639.

Nº. XL. 43 *vol. in-12.*

Principes du droit naturel, par Burlamaqui, 1748, 2 vol.
Droit qu'ont les Curés de commettre leurs Vicaires & leurs
   confesseurs dans leurs Paroisses, par Gueret. *Paris,* 1759.
Introduction à la pratique par Ferriere, *Paris,* 1717, 2 vol.
Coutume de Paris, par le même. *Paris,* 1708, 2 vol.
Code des Commensaux. *Paris,* 1710.
Code Militaire, par Briquet. *Paris,* 1741, 5 vol.
Code Penal. *Paris,* 1752.
Code Rural. *Paris,* 1749, 2 vol.

(11)

Nᵒ. XLI. 53 *vol. in-12.*

Loix des Bâtimens, 1748.
Dictionnaire des Fiefs , par Laplace.
Utopie de Thomas Morus , trad. par Gueudeville. *Amst.*
1730, *fig.*
Réflexions morales de Marc Antonin , trad. par Dacier *Paris*,
1691 , 4 *vol.*
Entretiens de Ciceron sur les vrais biens & les vrais maux ,
trad. par Desmarais. *Paris* , 1721.
Académie des Jeux, 1743 , 2 *vol.*
Menagiana. *Paris* , 1729 , 4 *vol.*
Amours de Daphnis & Chloe , 1731 , *fig.*
Caprices de l'amour & de la fortune, par d'Argens. *La Haye*,
1737.

Nᵒ. XLII. 14 *vol. in-fol.*

Dictionnaire de Furretiere. *La Haye* , 1727 , 4 *vol.*
Dictionnaire Géographique de la Martiniere. *Paris* , 1739,
6 *vol.*
Histoire de la Chancellerie de France , par Tessereau. *Paris*,
1710 , 2 *vol.*

Nᵒ. XLIII. 18 *vol. in-fol. in-4 & in-8.*

Dictionnaire de Joubert. *Lyon* , 1715.
Etat de la France , par Boulainvilliers. *Londres*, 1727 , 3 *vol.*
Dictionnaire de Bayle. *Rotterdam*, 1720 , 4 *vol.*
Œuvres de Bayle. *Amst.* 1747 , 4 *vol.*

Nᵒ. XLIV. 36 *vol. in-fol. & in-4.*

Ministerium sive Cultus Sanctus Hebraicè. *Cracoviæ* 1577.
La Lithologie & la Conchyliologie par d'Argenville. *Paris*,
1742 , *fig.*
Métamorphoses d'Ovide en rondeaux , par Benserade. *Paris*,
1676 , *fig. m. r.*
Traité des monnoyes de France , par le Blanc . *Paris* , 1690.
Vaillant Seleucidarum Imperium. *Parif.* 1681.
Ejusdem Numismata Imperatorum, Augustarum & Cæsarum
à populis græcè loquentibus *Amst,* 1700.
Patini Familiæ Romanæ. *Parisiis*, 1663.

Ejofdem Imperatorum Romanorum Numifmata. *Argentinæ,*
1671.

Nᵒ. XLV. 10 *liaffes in*-4.

Piéces fur les affaires Civiles, Eccléfiaftiques, fur la Littérature.

Nᵒ. XLVI. 40 *vol. in*-12.

Le Livre à la mode. 1759, *2 vol.*
Hiftoire du Diable. 1730, *2 vol.*
Differtation fur l'incertitude des fignes de la mort, par
    Bruhier. *Paris,* 1742, *2 vol.*
Verheyen Anatomia Corporis humani. *Lipfiæ,* 1718, *fig.*

Nᵒ. XLVII. 33 *vol. in*-12.

Tableau de l'Amour conjugal, par Venette, 1716, *fig.*
La Religion du Médecin, par Brown. 1668.
Sageffe de Charron. *Paris,* 1613, *m. v.*

Nᵒ. XLVIII. 15 *vol. in-fol.*

Dictionnaire raifonné des Sciences, des Arts & des Métiers.
    Paris, 1751, *7 vol.*
Elémens des Finances. *Paris,* 1756.

Nᵒ XLIX. 17 *vol. in*-4.

Hiftoire des Voyages, par Prevoft. *Paris,* 1746, *17 vol.*

Nᵒ. L. 18 *vol. in*-4.

Voyage de Conftantinople, par Grelot. *Paris,* 1680, *fig.*
Journal d'un Voyage au Nord, par Outhier. *Paris,* 1744.
Ornithologie par Briffon. *Paris,* 1760. *4 vol. fig.*
Malpighi Differtatio de Bombyce. *Londini,* 1669.
Mémoires pour l'Hiftoire des Animaux & des Plantes, par
    MM. de l'Acad. des Sciences. *Amft.* 1736, *fig.*
Dictionnaire des Animaux. *Paris,* 1759, *4 vol.*
Pharmacopée de Lemery. *Paris,* 1716.
Dictionnaire des Drogues, par le même. *Paris,* 1753.

Nᵒ. LI. 24 *vol. in*-4.

Hiftoire de l'Académie des Infcriptions. *Paris,* 1717, *6 vol.*

(13)

Jugement des Sçavans, par Baillet. *Paris, 1722, 8 vol.*
Dictionnaire Mathématique, par Ozanam. *Paris, 1691.*
Boccone Museum Plantarum.
Statique des Végétaux, trad. de Hales, par Buffon. *Paris,*
  1735.
Institutions astronomiques, par le Monnier. *Paris, 1746.*
Essai sur l'entendement humain, trad. de Locke, par Costed
  1723.

Nº. LII. 32 *vol. in-12.*

Œuvres spirituelles de Fenelon. *Anvers, 1718, 2 vol.*
Histoire du Peuple de Dieu, par le P. Berruyer. *Paris, 1742,*
  10 vol.
Eloges des Normans. *Paris, 1748, 2 vol.*

Nº. LIII. 44 *vol. in-12.*

Anatomie des Plantes, trad. de Grew. *Paris, 1679, fig. m. r.*
Histoire naturelle du Cacao & du Sucre. *Paris, 1719.*
Vies des Peintres, par Felibien. *Trevoux, 1725, 6 vol.*

Nº. LIV. 50 *vol. in-12.*

Venus Physique. 1745.
Traité d'Insectologie & Mémoires sur les Polypes, par Bonnet
  Trembley, &c. *Paris, 1745, 5 vol.*
Vaillant Botanicon Parisiense. *Paris. 1743.*
Curiosités inouies de Gaffarel. *Paris, 1629.*
Géographie de la Croix. *Paris, 1664, 2 vol.*
Démêlé d'Henry II. avec Thomas Becket. *Paris, 1756.*

Nº. LV. 40 *vol. in-8. & in-12.*

Théologie Physique & Astronomique, trad. de Derham.
  Paris, 1732, 2 vol.
Essais de Théodicée de Leibnitz. 1714, 3 vol.
Christianisme raisonnable de Locke. *Amst. 1731, 2 vol.*
Ebauche de la Religion naturelle, par Wollaston. 1756,
  3 vol.
Dissertation sur l'union de la Religion, de la Morale & de la
  Politique, par Warburton. *La Haye, 1742, 2 vol.*
Pensées sur la Religion, par Beveridge. *Amst. 1738, 2 vol.*
Pratique de la Géométrie sur le papier & le terrein, par le
  Clerc. *Paris, 1716.*

Recueil de Traités de Phyfique, par Deflandes. *Paris*, 1750,
 3 *vol.*
Effai fur les erreurs populaires, par Brown. *Paris*, 1733,
 3 *vol.*

N°. LVI. 19 *vol. in-fol.*

Figures de la Lithologie & de la Conchyliologie de d'Argen-
 ville, *enluminées.*
Figures fur différens objets d'Hiftoire Naturélle, extraites de
 différens ouvrages.
Dictionnaire œconomique, par Chomel. *Lyon*, 1732,
 2 *vol.*
Ruyfch Theatrum Animalium. *Amft.* 1718, 2 *vol. fig.*
Dictionnaire hiftorique, par Morery. *Paris*, 1759, 10 *vol.*

N°. LVII. 24 *vol. in-4.*

Gathéchifme de Montpellier. *Paris*, 1710.
Introduction à l'Hiftoire Univerfelle, par Thienpont. *Bru-
 xelles*, 1736, 2 *vol.*
Abrégé Chronologique de l'Hiftoire de France, de Mezeray.
 Paris, 1690, 3 *vol.*
Hiftoire des Papes, par Bruys, *La Haye*, 1732, 5 *vol.*

N°. LVIII. 23 *vol. in-4.*

Hiftoire Univerfelle de J. A. de Thou. *Londres*, *Paris*, 1734,
 16 *vol.*
Antiquités de l'Eglife de Marfeille. *Marfeille*, 1747, 3 *vol.*
Hiftoire de Portugal, par la Clede. *Paris*, 1735, 2 *vol.*

N°. LIX. 18 *vol. in-4.*

Hiftoire d'Efpagne, par Ferreras. *Paris*, 1742, 10 *vol.*
Introduction à l'Hiftoire de l'Univers, par Puffendorf. *Paris*,
 1755, 8 *vol.*

N°. LX. 37 *vol. in-12.*

Morale des Princes, trad. de l'Italien. 1754, 4 *vol.*
Inftitution d'un Prince, par Duguet. 1740, 4 *vol.*
Hiftoire de P. de Montmaur. *La Haye*, 1715, 2 *vol.*
Traité de l'Art Métallique, extrait de Barba. *Paris*, 1730.
Secrets des Arts & Métiers. 1748, 2 *vol.*

Nº. LXI. 40 *vol. in-12.*

Histoire du Monde, par Chevreau. *Paris,* 1717, 8 *vol.*
Le Zodiaque de la vie humaine, trad. de Palingene, par de
    la Monnerie. *La Haye,* 1731, 2 *vol.*
Recueil des Opera. *Paris,* 1703, 16 *vol.*
Consolation de l'Ame fidéle contre les frayeurs de la Mort,
    par Drelincourt. *Amst.* 1734.

Nº. LXII. 48 *vol. in-12.*

Description de Versailles & Marly, par Piganiol de la Force.
    Paris, 1742, 2 *vol.*
Description de Fontainebleau, par Guillebert. *Paris,* 1731,
    2 *vol.*
Voyages d'Italie de Misson. *La Haye,* 1717, 3 *vol. fig.*
Délices d'Italie. *Paris,* 1707, 4 *vol. fig.*
Délices de la Hollande. *La Haye,* 1710, 2 *vol.*
Journal d'un Voyage aux Indes Orientales. 1721, 3 *vol.*
Relation de l'Afrique Occidentale, par Labat. *Paris,* 1728,
    5 *vol.*
Voyages de la Hontan. 1728, 2 *vol.*
Le Voyageur François, par de la Porte. *Paris,* 1766, 4 *vol.*

Nº. LXIII. 46 *vol. in-8. & in-12.*

Entretiens Physiques, par Regnault. *Paris,* 1755, 5 *vol.*
Florus cum notis Grævii. *Amst.* 1702, 2 *vol.*
Traité des preuves de l'Histoire, par Griffet. *Liège,* 1769.
Etat de la Corse, par Boswel. *Londres,* 1769, 1 *vol.*
Mémoires de la Régence. *Amst.* 1749, 5 *vol.*
La Science des Médailles, par Patin. *Paris,* 1692.
Science des Médailles, par Joubert, avec les notes de la Bastie.
    Paris, 1739, 2 *vol. fig.*

Lû & approuvé. A Paris, ce 3 Octobre 1778.
      GOGUÉ, Adjoint.

  Se distribue chez Barrois l'aîné, Libraire,
Quai des Augustins.

De l'Imprimerie de la Veuve Hérissant, rue N. N. D.
à la Croix d'or. 1778.

9 782014 461503